BEI GRIN MACHT SICH IHR WISSEN BEZAHLT

AF141702

- Wir veröffentlichen Ihre Hausarbeit, Bachelor- und Masterarbeit

- Ihr eigenes eBook und Buch - weltweit in allen wichtigen Shops

- Verdienen Sie an jedem Verkauf

Jetzt bei www.GRIN.com hochladen und kostenlos publizieren

Bibliografische Information der Deutschen Nationalbibliothek:

Die Deutsche Bibliothek verzeichnet diese Publikation in der Deutschen National-
bibliografie; detaillierte bibliografische Daten sind im Internet über http://dnb.d-
nb.de/ abrufbar.

Impressum:

Copyright © 2019 GRIN Verlag
Druck und Bindung: Books on Demand GmbH, Norderstedt Germany
ISBN: 9783346185846

Dieses Buch bei GRIN:

https://www.grin.com/document/542648

Stefanie Breitenbicher

Die äußere Natur als Spiegel der Seele? Zur Rolle der Natur in "Die Leiden des jungen Werther" von Johann Wolfgang von Goethe

GRIN Verlag

GRIN - Your knowledge has value

Der GRIN Verlag publiziert seit 1998 wissenschaftliche Arbeiten von Studenten, Hochschullehrern und anderen Akademikern als eBook und gedrucktes Buch. Die Verlagswebsite www.grin.com ist die ideale Plattform zur Veröffentlichung von Hausarbeiten, Abschlussarbeiten, wissenschaftlichen Aufsätzen, Dissertationen und Fachbüchern.

Besuchen Sie uns im Internet:

http://www.grin.com/

http://www.facebook.com/grincom

http://www.twitter.com/grin_com

Leibniz Universität Hannover
Deutsches Seminar – Literaturwissenschaft
Modul und Seminarthema: L 1.2: Methoden, Themen, Theorien: Vertiefung am Beispiel
Johann Wolfgang von Goethe
SoSe 2019

Die äußere Natur als Spiegel der Seele?

Zur Rolle der Natur in *Die Leiden des jungen Werthers* von Johann Wolfgang von Goethe

Abgabedatum: 14.11.2019

Stefanie Breitenbicher

8. Semester, Fächerübergreifender Bachelor
Deutsch (Major), Sport (Minor)

Inhaltsverzeichnis

1 Einleitung

„Ich kehre in mich selbst zurück, und finde eine Welt!"[1] äußert Werther im Brief des 22. Mai 1771. Bereits an dieser Stelle wird beispielhaft die Signifikanz des Seelenlebens für den Roman hervorgebracht. Goethes *Die Leiden des jungen Werthers* erschien in einer Zeit, in welcher verschiedene aufklärerische Strömungen gemeinsam auftraten, sodass der Roman insbesondere Züge des Sturm und Drang und der Empfindsamkeit aufweist.[2] Ein besonderes Merkmal im Roman des Sturm und Drang ist die intensive Darstellung seelischer Zustände des Individuums, wodurch eine umfangreiche Handlungsbeschreibung ausbleibt.[3] Laut Duesberg steht das Individuum „aufgrund der häufig wechselnden Gefühls- und Bewußtseinszustände"[4] daher in einem deutlichen Gegensatz zu seiner Umwelt und der äußeren Realität.[5] Die Abgrenzung zur äußeren Welt – und demnach auch zur äußeren Natur – gibt einen Hinweis auf die Totalität der Natur. Infolgedessen schafft Goethe „die für den Sturm und Drang charakteristische Parallelität von Natur und Bewußtsein, von Ich und Welt, wodurch der Gegensatz von Subjekt und Objekt der inneren und äußeren Natur überwunden wird".[6]

Im ersten Drittel des 18. Jahrhunderts erfolgte die Hinwendung zum empfindsam-didaktischen Roman[7], welcher sich dieser Aspekte bediente und zur Darstellung der Entfaltung der inneren Geschichte eines Individuums genutzt wurde.[8] Durch den Verzicht auf eine Erzählinstanz wird die Erzählperspektive im Briefroman von außen nach innen verlagert, sodass ein direkter Einblick in das Innere des Menschen und somit in seine Seele gewährt wird. Ferner wird das Erzählte im Präsens wiedergegeben, wodurch „die zeitliche Differenz zwischen Erleben und Niederschreiben auf ein Minimum reduziert"[9] wird. Die Besonderheit in Goethes *Werther* besteht in der Fiktion eines Briefwechsels, da

---

[1] Johann Wolfgang Goethe: Die Leiden des jungen Werthers. Die Wahlverwandtschaften. Kleine Prosa. In: ders.: Sämtliche Werke, Briefe, Tagebücher und Gespräche. 40 Bde. Frankfurter Ausgabe hrsg. von Friedmar Apel u.a. Bd. I. 8. Hrsg. von Waltraud Wiethölter. Frankfurt a.M.: Dt. Klassiker Verlag 1994, S.23. Im Folgenden zitiert mit der vorangestellten Sigle ,W' und Seitenzahl in Klammern direkt im Fließtext.
[2] Vgl. Jasmin Herrmann-Huwe: „Pathologie und Passion" in Goethes Roman *Die Leiden des jungen Werther*. Diss. masch. Düsseldorf 1996, S. 87.
[3] Vgl. Peter Duesberg: Idylle und Freiheit. Ein Entwicklungsmodell der frühromantischen Landschaft in der Wechselwirkung von äußerer und innerer Natur. Diss. masch. Düsseldorf 1995, S. 177 f.
[4] Ebd. S. 177.
[5] Vgl. ebd. S. 177 f.
[6] Ebd. S. 193.
[7] Vgl. Herrmann-Huwe: „Pathologie und Passion", S. 87.
[8] Vgl. Horst Flaschka: Goethes "Werther". Werkkontextuelle Deskription und Analyse. München: Wilhelm Fink Verlag 1987, S. 162.
[9] Herrmann-Huwe: „Pathologie und Passion", S 93.

es sich um einen einseitigen Austausch handelt. Im Zuge dessen wird eine monoperspektivische und unmittelbare Erzählung geschaffen. Das aufklärerische Charakteristikum der Herausgeberfiktion unterstützt den Eindruck der scheinbar wahren Darstellung eines menschlichen Schicksals.[10]

Die Natur- und Landschaftsbeschreibungen in Goethes *Werther* erregten reges Interesse in der Forschung und bilden somit eine wichtige Thematik in dessen Rezeptionsgeschichte.

In dieser wissenschaftlichen Hausarbeit soll ebenfalls der Aspekt der Natur in Goethes *Werther* genauer betrachtet werden. Hierbei geht es vor allem um die Darstellung und Funktion der äußeren Natur im Hinblick auf die seelischen Zustände und Regungen des Protagonisten. Anhand der Analyse dreier zentraler Briefe soll zudem die Wandlung der Naturbilder herausgestellt werden, um konkrete Beispiele für die Stützung der These darzulegen. Diese lautet im Detail, dass die äußere Natur als Spiegel der Seele Werthers dient. Darauf aufbauend werden weitere Parallelisierungen des Seelenzustandes in den Naturerscheinungen der Jahres- und Tageszeiten aufgezeigt. Ziel der Arbeit ist somit die Veranschaulichung der äußeren Naturrolle im Hinblick auf die inneren Zustände des Protagonisten. Des Weiteren soll die Relevanz der Natur- und Landschaftsbeschreibungen für den äußeren und inneren Verlauf des Romans herausgearbeitet werden.

2 Der Wandel der Natur- und Landschaftsbeschreibungen in ausgewählten Briefen

Am Beispiel dreier ausgewählter Briefe sollen zunächst die Charakteristika der Natur- und Landschaftsbeschreibungen im Werk dargestellt werden. Dabei wird vor allem der Wandel dieser Darstellungen im Hinblick auf die seelischen Zustände Werthers im Verlauf des Werkes analysiert. Bei den gewählten Briefen handelt es sich um diese vom 10. Mai 1771, 18. August 1771 und 12. Dezember 1772. Diese sollen darüber hinaus verschiedene Etappen in der emotionalen Entwicklung Werthers verdeutlichen und repräsentativ für die unterschiedlichen Phasen der Naturverbundenheit und -wahrnehmung stehen.

---

[10] Vgl. ebd. S. 91.

2.1 Der Brief vom 10. Mai 1771

Im zweiten Brief vom 10. Mai 1771 beschreibt Werther einen fröhlichen Frühlingsmorgen in der freien Natur. Eine „wunderbare Heiterkeit" (W 15) erfüllt ihn vollkommen und er genießt die Ruhe abseits der ihm unangenehmen Stadt. Im Zuge seiner starken Empfindungen, welche ihm die Natur heilig erscheinen lassen, verspürt er „die Gegenwart des Allmächtigen" (W 15). Diese Naturauffassung ist mit den Leitideen des Sturm und Drang in Verbindung zu setzen, in welchem sie als „der Urquell alles Lebendigen und Schöpferischen" galt.[11] Werther fühlt sich der Natur eng verbunden und versucht, sowohl ihre Schönheit als auch seine Emotionen darüber in Worte zu fassen. Hierbei beginnt er mit der detaillierten Beschreibung des Makrokosmos, beispielsweise mit dem Tal, der Sonne und den Gräsern. Auffällig ist vor allem die Beschreibung der Sonne, deren Strahlen „in das innere Heiligthum" (W 15) Werthers eindringen. Dies zeugt von der beginnenden Vereinigung des Protagonisten mit der Natur, welche sein inneres Wesen in diesem Moment erhellt. Darüber hinaus wird Werther durch den Gebrauch der Präposition „um" (W 15) wortwörtlich zum Mittelpunkt des Geschehens der äußeren Natur. Das Bild des Tals, das um ihn „dampft" (W 15), weist eine dynamische Landschaftsschilderung auf, die für die Geniezeit charakteristisch ist.[12] Durch diese Wechselwirkung kann mit einem Überwinden der Gegensätze eine Beziehung zwischen Mensch und Natur aufgebaut werden.[13] Im weiteren Verlauf seiner Naturdarstellung schildert Werther den Mikrokosmos mit seinen kleinsten Lebewesen. Weil er unter anderem diese „Würmchen" (W 15) im Diminutiv beschreibt, wird eine liebevolle Vertrautheit zu jedem Lebewesen jeglicher Art dargestellt. Sie „bilden mit Werther eine neue Gemeinschaft, nachdem er sich der Gesellschaft durch die Flucht in die Einsamkeit der äußeren Natur entzogen hat".[14] An dieser Stelle liegt er im Gras und genießt „den Blick in die Landschaft aus der Froschperspektive".[15] Es fällt auf, dass seine Empfindungen sich kontinuierlich steigern, je näher sich Werther an der Natur befindet. Aus dieser Betrachtungsperspektive ist er fähig, seine Harmonie der inneren Natur auf die äußere zu übertragen, sodass er nun vollends in ihr aufgeht und sein Wesen entfalten kann.

---

[11] Schweikle, Günther u. Irmgard Schweikle (Hrsg.): Metzler-Literatur-Lexikon. Begriffe und Definitionen. 2., überarb. Aufl. Stuttgart: Metzler 1990, S. 448.
[12] Vgl. Duesberg: Idylle und Freiheit, S. 192.
[13] Vgl. ebd. S. 192.
[14] Ebd. S. 194.
[15] Ebd. S. 193.

Grundsätzlich wird in diesem Brief eine harmonische und idyllische Landschaft – ein locus amoenus – beschrieben, welches sich im Wesen Werthers widerspiegelt. Wiederholend werden seine Freude und seine innere Ruhe hervorgehoben, wodurch der Eindruck eines glücklichen und ausgeglichenen Individuums entsteht. Dies ist unter anderem auf die sprachliche Gestaltung des Briefes zurückzuführen. Die bereits erwähnte Dynamisierung der Landschaft steigert sich mit der Erwähnung Werthers eines „fallenden Bache[s]" (W 15) und erreicht einen ersten Höhepunkt mit der Beschreibung vom „Wimmeln der kleinen Welt zwischen Halmen" (W15).[16] Des Weiteren ist die Sprache durch die Verwendung zahlreicher positiver Epitheta, wie „süß", „lieb" und „wunderbar" (vgl. W 15) bildhaft und erzeugt zudem eine fröhliche Stimmung. Außerdem findet sich eine Repetitio von Verben, die sich auf den Bereich des Herzens, des Gefühls und der Seele beziehen. Dadurch erscheinen die Aussagen Werthers wie ein empfindsamer Strom aus seinem Inneren. Dieser Eindruck verfestigt sich durch die syntaktische Gestaltung des Briefes. Der enthusiastische Redefluss Werthers wird anhand des hypotaktischen Satzbaus veranschaulicht. Auffällig ist vor allem die Häufung der Konditionalsätze:

> Wenn das liebe Thal um mich dampft, und die hohe Sonne an der Oberfläche der undurchdringlichen Finsterniß meines Waldes ruht, und nur einzelne Strahlen sich in das innere Heiligthum stehlen, ich dann im hohen Grase am fallenden Bache liege, und näher an der Erde tausend mannichfaltige Gräschen mir merkwürdig werden; wenn ich das Wimmeln der kleinen Welt zwischen Halmen, die unzähligen, unergründlichen Gestalten der Würmchen, der Mückchen näher an meinem Herzen fühle, und fühle die Gegenwart des Allmächtigen der uns nach seinem Bilde schuf, das Wehen des Allliebenden, der uns in ewiger Wonne schwebend trägt und erhält; mein Freund! wenn's dann um meine Augen dämmert, und die Welt um mich her und der Himmel ganz in meiner Seele ruhn wie die Gestalt einer Geliebten; dann sehne ich mich oft und denke : ach könntest du das wieder ausdrücken, könntest dem Papiere das einhauchen, was so voll, und warm in dir lebt, daß es würde der Spiegel deiner Seele, wie deine Seele ist der Spiegel des unendlichen Gottes! (W 15)

Diese zeigen „mit welcher Intensität das fühlende Herz um Artikulation bemüht ist".[17] Mithilfe dieser komplexen syntaktischen Konstruktion erfolgt ein Spannungsaufbau bis zu dem Punkt, an dem diese Spannung durchbrochen und durch eine Gefühlsaussage aufgelöst wird. Jedoch auf eine ernüchternde Weise, da Werther am Ende einen kläglichen Wunsch äußert. Hinsichtlich seiner Empfindungen ist daher zu vermuten, dass Werther sich in die Ferne sehnt und an der Gegenwart leidet. Das Leiden entspringt an dieser Stelle jedoch der Unfähigkeit, die durch die Natur hervorgerufenen seelischen Regungen sprachlich zu reproduzieren.[18]

---

[16] Vgl. Duesberg: Idylle und Freiheit, S. 193.
[17] Friedhelm Marx: Erlesene Helden. Don Sylvio, Werther, Wilhelm Meister und die Literatur. Diss. masch. Bonn 1994, S. 120.
[18] Vgl. Flaschka: Goethes "Werther", S. 148.

Das utopische Streben Werthers, vollkommen in die Natur einzugehen, verweist bereits zu diesem Zeitpunkt auf das Scheitern am Ende des Romans.

2.2 Der Brief vom 18. August 1771

In dem Brief vom 18. August 1771 wird die zunehmende Veränderung Werthers seelischen Zustandes aufgrund Alberts Rückkehr am 30. Juli deutlich. Parallel zum Wandel seiner inneren Natur vollzieht sich auch der Wandel der äußeren Natur, welche nun nicht mehr schöpferisch, sondern zerstörerisch erscheint.[19] Grundsätzlich zeichnet sich der Brief durch eine melancholische, verzweifelte und ängstliche Stimmung aus. Die positiven Seiten der Natur schildert Werther nur noch rückblickend im Präteritum (vgl. W 105). Im Vergleich zum Brief vom 10. Mai ist das Glücksgefühl, das Werther zu dieser Zeit verspürte, vorüber. Die äußere Natur wird unterdessen „zu einem unerträglichen Peiniger, zu einem quälenden Geist" (W 105). Mit diesem Brief beginnt die deutliche Wandlung der Naturrolle als Spiegel der überwältigenden positiven Gefühle Werthers zum Spiegel eines Tiefpunktes der Empfindungen. Der chaotische Aspekt der Veränderung wird unter anderem durch eine komplexe Syntax veranschaulicht. Ähnlich wie im Brief vom 10. Mai 1771 ist eine Häufung von Konditionalsätzen vorzufinden:

> Wenn ich sonst vom Felsen über den Fluß bis zu jenen Hügeln das fruchtbare Thal überschaute und alles um mich her keimen und quellen sah; wenn ich jene Berge vom Fuße bis zum Gipfel mit hohen dichten Bäumen bekleidet, jene Thäler in ihren mannichfaltigen Krümmungen von den lieblichsten Wäldern beschattet sah, und der sanfte Fluß zwischen den lispelnden Röhren dahin gleitete und die lieben Wolken abspiegelte, die der sanfte Abendwind am Himmel herüber wiegte; wenn ich dann die Vögel um mich den Wald beleben hörte, und die Millionen Mückenschwärme im letzten rothen Strahle der Sonne muthig tanzten, und ihr letzter zuckender Blick den summenden Käfer aus seinem Grase befreyte; und das Schwirren und Weben um mich her mich auf den Boden aufmerksam machte, und das Moos, das meinem harten Felsen seine Nahrung abzwingt, und das Geniste das den dürren Sandhügel hinunter wächst, mir das innere glühende heilige Leben der Natur eröffnete: wie faßte ich das alles in mein warmes Herz, fühlte mich in der überfließenden Fülle wie vergöttert, und die herrlichen Gestalten der unendlichen Welt bewegten sich allbelebend in meiner Seele. (W 105)

In diesem Abschnitt schildert Werther seine Erinnerungen an die fruchtbare und lebendige Natur auf eine bildhafte Weise. Dabei geht er auf die Einheit der Natur ein und stellt im Zuge dessen sowohl Mikro- als auch Makrokosmos detailliert dar. Darüber hinaus wird die Gegensätzlichkeit der Statik des Makrokosmos und der Dynamik des Mikrokosmos aufgezeigt.[20] Hervorzuheben ist, dass mit der Beschreibung der Felsen, der

---

[19] Vgl. Duesberg: Idylle und Freiheit, S. 202.
[20] Vgl. ebd. S. 203.

Hügel, dem Fluss und dem fruchtbaren Tal erneut ein locus amoenus konstituiert wird.[21] Im Gegensatz zum Brief vom 10. Mai 1771 sind die Gefühle Werthers jedoch nicht von Harmonie geprägt. Dies liegt dem Abbruch der Einheit von innerer und äußerer Natur zugrunde. Dass diese Einheit zuvor bestand, ist an der Verwendung des Präteritums erkennbar. Werther fasste die ganze äußere Natur in sein „warmes Herz" (W 107), fühlte sich in ihrer „überfließenden Fülle wie vergöttert" (W 107) und die „herrlichen Gestalten der unendlichen Welt" (W 107) bewegten sich in seiner Seele. Demzufolge kann von einem nun eingetretenen Scheitern der Beseelung der Natur aus der Kraft des Herzens ausgegangen werden. Dadurch erscheinen die zitierten Wenn-Formeln des Briefes wie „Anzeichen einer quälenden Sehnsucht nach einer umfassenden Aneignung der Wirklichkeit der äußeren Natur".[22] Analog zur Darstellung des Überlebenskampfes der äußeren Natur (vgl. W 105 f.) kann der Kampf der seelischen inneren Natur Werthers betrachtet werden.[23] „Der Sommer ist vorbei, und mit dem Herbst, der hinsterbenden Natur, verändert sich auch Werthers Seelenzustand [...]".[24] Sprachlich werden die Gefühlsregungen im Inneren Werthers mithilfe von Verbalmetaphern aus dem Feld der Wassermetaphorik untermauert.[25] Der wiederholte Gebrauch des Verbes „fließen", die Beschreibung des Flusses und der sich bewegenden Wolken repräsentieren eine gewisse Dynamik und folgend auch Werthers Empfindungen, welche sich kontinuierlich verändern. Im weiteren Verlauf des Briefes wird die Projektion der Seelenlandschaft auf die äußere Natur äußerst anschaulich, als Werther von den ungeheuren Bergen und Abgründen spricht (vgl. W 107). Diese stehen stellvertretend für die Risse in seiner Seele und die zerklüftete innere Natur.[26] Zudem ändert sich die Darstellung des zuvor „sanfte[n]" (W 105) Flusses, welcher durch die Landschaft gleitet, zu einer kraftvollen und dramatischen Naturerscheinung. In Verbindung mit den stürzenden Wetterbächen (vgl. W 107) spiegeln die strömenden Flüsse Werthers „aufgewühlte, heftig bewegte innere Natur"[27] wider. Im Zuge der sich wandelnden Wahrnehmung der äußeren Natur entwickelt sich der locus amoenus zu einem locus terribilis, der sich durch das unzugängliche Gebirge und die Einöde kennzeichnen lässt (vgl. W 107). Im Hinblick auf

---

[21] Vgl. Hans Peter Herrmann: Landschaft in Goethes "Werther". Zum Brief vom 18. August. In: Thomas Clasen u. Erwin Leibfried (Hrsg.): Goethe. Vorträge aus Anlaß seines 150. Todestages. Frankfurt a.M., Bern, New York: Lang 1984, S. 83-84.

[22] Duesberg: Idylle und Freiheit, S. 205-206.

[23] Vgl. ebd. S. 204.

[24] Géza Horváth: Goethe: Die Leiden des Jungen Werther. Dimensionen der Flucht. In: Neohelicon 25 (1998), S. 200.

[25] Vgl. Flaschka: Goethes "Werther", S. 163.

[26] Vgl. Duesberg: Idylle und Freiheit, S. 206.

[27] Ebd.

Werthers seelischen Zustand verkörpert dies die Melancholie und depressive Verstimmung. Die Metapher des Vorhanges, welcher sich vor seiner Seele wegzieht (vgl. W 107) ist ein erneutes Anzeichen der sich verändernden Naturauffassung, die mit dem Wandel der inneren Natur Werthers zusammenhängt. Des Weiteren ist am Ende des Briefes eine ebenso bedeutende Metapher vorzufinden. Hierbei spricht Werther von einem „ewig verschlingende[n]" und „ewig wiederkäuende[n] Ungeheuer" (W 109), wodurch die „Dichotomie der Natur von Wachstum und Vergehen"[28] sprachlich veranschaulicht wird. Dies spiegelt Werthers Ruhelosigkeit der Seele und seine sich wandelnden und dementsprechend gegensätzlichen Gefühlslagen. Durch den hypotaktischen Satzbau und die durchgängig komplexen Satzkonstruktionen erhalten die Äußerungen Werthers den Charakter eines Stromes von Empfindungen aus dem Herzen. Abschließend sei für diesen Brief festzuhalten, dass Werther nicht mehr die Schönheit der Natur, sondern vielmehr ihre bedrohliche und destruktive Seite sieht. Dieser Umstand ist auf seine seelische Verfassung zurückzuführen, da ihm nur ein verzerrter Rückblick eines vergangenen Glücks mit Lotte bleibt. Daraus folgt eine signifikante Wandlung der inneren sowie äußeren Natur, welche sich im weiteren Verlauf des Werkes verstärkt.

2.3 Der Brief vom 12. Dezember 1772

Die zuvor erwähnte Wandlung der inneren sowie äußeren Natur erreicht einen weiteren Höhepunkt im Brief vom 12. Dezember 1772, als Werther die zerstörerische Kraft der Natur um ihn herum erlebt. Es ist deutlich zu erkennen, dass die destruktive Seite der Natur allmählich zur Realität wird und sich seit dem Brief vom 18. August 1771 stetig steigerte. Werther beschreibt den hier herrschenden Winter als menschenfeindliche Jahreszeit (vgl. W 213). Analog dazu ist seine innere Natur von negativen Empfindungen und tristen Gedanken geprägt. Bereits zu Beginn des Briefes benennt Werther ein „inneres unbekanntes Toben" (W 213), welches seine Brust zu zerreißen drohe. Dies zeugt von intensiven inneren Regungen und Emotionen. Grundsätzlich zeichnet sich der gesamte Brief durch eine gesteigerte Dynamisierung der inneren sowie äußeren Zustände aus. Das von Werther genannte innere Toben spiegelt sich in der anschaulich dargestellten Naturgewalt wider. Im Vergleich zu den Briefen vom 10. Mai 1771 und 18. August 1771 wird die Wassermetaphorik auf eine radikalisierte Weise gebraucht. Es werden heftige Bewegungen des Flusses, der Bäche und des Tauwetters beschrieben (vgl. 213). Im Zuge

---

[28] Duesberg: Idylle und Freiheit, S. 208.

dessen wurde sein „liebes Thal" (W 213) überflutet, welches den Ort von Werthers ersten Glückserlebnissen darstellt. Zugleich findet somit die Zerstörung der im ersten Buch konstruierten Idyllen statt[29], sodass die äußere Natur hier erneut zum Abbild des inneren Chaos Werthers wird und alle positiven Erinnerungen wortwörtlich überschwemmt werden. Sprachlich wird dieser Umstand durch die Verwendung bildhafter Verben und Adjektive unterstützt. Vor allem die Verben „wirbeln", „rollen", „wühlen" und „sausen" veranschaulichen die kraftvolle Dynamik der äußeren Natur, welche zum Spiegel Werthers zerrissenen Bewusstseins wird.[30] Die Gewalt der Dynamik wird im Hinblick auf die Aspekte Mikro- und Makrokosmos nochmals verdeutlicht. Anhand der Beschreibung des Flusses, der Wiesen, des Tals und des Himmels ist erkennbar, dass weite Teile der Landschaft in das Naturschauspiel involviert sind, sodass sich das gesamte Landschaftsbild ändert. Werther erliegt der dunklen Naturstimmung und verfällt in einen depressiven Rausch, wodurch an dieser Stelle die Gegenstimmung zum enthusiastischen Frühlingsrausch vom 10. Mai erkennbar wird. Insbesondere die Mondscheinzenerie, in der die überflutete Landschaft von dem Mond beleuchtet wird, löst intensive Empfindungen im Inneren Werthers aus. Er benennt das heftige Naturschauspiel als „fürchterlich-herrlich[em]" (W 213). Der Gebrauch dieses Oxymorons verleiht der äußeren Natur erhabene Züge und reflektiert Werthers Melancholie und Unterlegenheit.[31] Im Folgenden wird der Fokus auf die hervorgerufenen Empfindungen durch die äußere Natur gelegt, da ein Doppelpunkt anstelle eines Kommas steht (vgl. W 213). Werther überkommt ein Schauer und ein Sehnen zugleich. „Der Schauer bezieht sich auf die Zerstörung seiner Idyllen, das Sehnen wohl auf seinen Tod"[32], der auf den Zustand der Zerstörung und des Chaotischen folgen wird. Die Todessehnsucht stellt einen festen Bestandteil des Briefes dar und wird bereits zu Beginn eingeführt, als Werther von „furchtbaren nächtlichen Scenen" (W 213) spricht. Diese verdeutlichen seine Einsamkeit und Melancholie in der dunklen Naturstimmung.[33] Hinsichtlich der sprachlichen Merkmale ist im Zuge dessen die Todesmetaphorik der Uhr herauszustellen (vgl. W 213). Trotz des chaotischen und verzweifelten Zustandes ist Werther noch nicht bereit zu sterben. Zudem ist hervorzuheben, dass sich die Sprache in diesem Brief durch Exklamationen und Interjektionen auszeichnet, wodurch die Intensität der Gefühlsregungen betont wird. Des Weiteren erscheinen Werthers Äußerungen auch in

---

[29] Vgl. Duesberg: Idylle und Freiheit, S. 233.
[30] Vgl. ebd. S. 234.
[31] Vgl. Jörg Löffler: Unlesbarkeit: Melancholie und Schrift bei Goethe. Diss. masch. Münster 2005, S. 74.
[32] Duesberg: Idylle und Freiheit, S. 234.
[33] Vgl. Marx: Erlesene Helden, S. 135.

diesem Brief wie ein Strom aus dem Inneren. Im Verlauf des Briefes häufen sich die sprachlichen Besonderheiten im Hinblick auf die formale Struktur, da häufig Sätze abgebrochen oder entgegen den grammatikalischen Richtlinien angeordnet werden. Demzufolge wird die Unordnung der inneren Natur auch in der Sprache sichtbar. Zum Ende des Briefes spricht Werther von einem Sonnenstrahl der Vergangenheit (vgl. W 215), welcher stellvertretend für die vergangenen, seine Seele erhellenden Glücksmomente mit Lotte steht. Diese Erinnerungen werden durch die gegenwärtigen Empfindungen und den dazu analogen Naturgeschehnissen überschattet und auf brutale Weise begraben. Zum Abschluss sei anzumerken, dass die innere und äußere Natur in diesem Brief in einem hohen Maße miteinander verschmelzen. Daraus folgt, dass die äußere Natur nun nicht mehr nur als Spiegel der Empfindungen Werthers fungiert, sondern darüber hinaus eine Identifikation zulässt. Zusammenfassend stellt der Brief vom 12. Dezember 1772 den Ausdruck von Werthers Verzweiflung, seiner Melancholie und Hoffnungslosigkeit und seines Lebensüberdrusses dar.

3 Zur Rolle der Jahres- und Tageszeiten

Im Folgenden soll die Relevanz der Jahres- und Tageszeiten im Hinblick auf die eingangsgestellte These untersucht werden. Da diese beiden Aspekte Teil der äußeren Natur sind, werden am Beispiel ausgewählter Textstellen die Zusammenhänge bezüglich der Spiegel-Thematik dargelegt. Während der Analyse der Jahreszeiten wird darüber hinaus der Aspekt des Wetters betrachtet, weil dieses in enger Verbindung zur herrschenden Jahreszeit steht.

3.1 Die Funktion der Jahreszeiten

Wie bereits in der Analyse des ersten Briefes im zweiten Kapitel herausgestellt, zeichnet sich Werthers Wesen im dortigen Frühling durch Freude, Enthusiasmus und ein glückliches Dasein aus. Der Brief des 10. Mai 1771 eignet sich demnach als besonders anschauliches Beispiel für die positiven Empfindungen Werthers, welche in der blühenden, lebendigen und strahlenden Natur gespiegelt werden. Schon zuvor – im Brief vom 04. Mai 1771 – wird der Frühling als „Jahrszeit der Jugend" (W 13) benannt, welche Werthers Herz mit aller Fülle wärmt (vgl. W 13). Der Begriff der Fülle galt vor allem im Sturm und Drang als „Ausdruck positiven Lebensgefühls und der Intensität des

Erlebens".[34] Im weiteren Verlauf des Werkes wird die Liebe für Lotte im Sommer deutlich. So blickt Werther im Brief vom 19. Juli 1771 „mit aller Heiterkeit der schönen Sonne" (W 81) entgegen, wobei die wärmende Sonne den Optimismus und die Lebenslust widerspiegelt. Rückblickend ist daher festzuhalten, dass die Frühlingswärme zu Beginn des Romans in Sommerhitze umschlägt[35], welches sich auf die zunehmenden Gefühle für Lotte gründet. Diese Sommerhitze bildet außerdem den Höhepunkt der positiven Empfindungen und somit auch der Blüte der äußeren Natur.[36] Darauffolgend „wird im Spätsommer die scheinbar glückliche Liebe durch Albertens Ankunft gestört"[37], welches analog dazu in der äußeren Natur sichtbar wird. Der Herbst als kommende Jahreszeit lässt die Blüte der äußeren Natur verblassen. Insbesondere der Brief vom 04. September 1772 veranschaulicht diesen Zustand. „Wie die Natur sich zum Herbste neigt, wird es Herbst in mir und um mich her" (W 161), äußert Werther hier und vergleicht seine innere Situation zudem mit einem welk werdenden Baum.[38] Bereits im Herbst des Vorjahres wird die Vergänglichkeit des strahlenden Sommers im Brief vom 10. September 1771 sichtbar, als Werther dem Herbst und somit der endgültigen Trennung von Lotte entgegenblickt.[39] Ein signifikanter Gegensatz besteht außerdem in der Beschreibung der Landschaft im Brief vom 03. November 1772 und dem Brief des 10. Mai 1771. Die idyllische und lebhafte Natur aus dem Frühling erscheint Werther nun im späten Herbst so starr wie ein „lackirtes Bildchen" (W 179), welches auf seine innere Natur zurückzuführen ist. Demnach sei sein Herz tot, sodass keine Empfindungen mehr aus ihm fließen würden (vgl. W 179). Dieser Zustand steigert sich kontinuierlich und erreicht im Winter einen Höhepunkt in der negativen Naturbeschreibung. In dem Bericht des Herausgebers an den Leser (W 199 f.) wird nochmals die Vergänglichkeit der Liebe und positiven Empfindungen veranschaulicht und das Todesmotiv dargestellt: „Die starken Bäume standen ohne Laub und bereift, die schönen Hecken, die sich über die niedrige Kirchhofmauer wölbten, waren entblättert und die Grabsteine sahen mit Schnee bedeckt durch die Lücken hervor." (W 205).[40] In dem Brief des 12. Dezember 1772 wird die dunkle Atmosphäre der äußeren Natur zum Abbild Werthers inneren Leidens und seiner Melancholie.

---

[34] Flaschka: Goethes "Werther", S. 164.
[35] Vgl. Horváth: Die Leiden des Jungen Werther, S. 200.
[36] Ebd.
[37] Ebd.
[38] Vgl. Flaschka: Goethes "Werther", S. 198.
[39] Vgl. Löffler: Unlesbarkeit, S. 70.
[40] Vgl. Flaschka: Goethes "Werther", S. 198.

Der kalte Winter spiegelt die Wandlung seiner liebevollen Empfindungen zu Trauer und Abschied von Lotte und den folgenden Entschluss zu sterben. Peter Duesberg fasst den Sachverhalt folgendermaßen treffend zusammen:

> Durch die überwiegende Schilderung des Frühjahrs und Sommers des Jahres 1771 im ersten Buch und die bevorzugte Schilderung des Herbstes und Winters des Jahres 1772 im zweiten Buch, wird der Handlungs- und Schicksalsverlauf Werthers in den gesetzmäßigen Gang der Natur eingebettet, worin sich der eigentliche Zusammenhang von innerer und äußerer Natur manifestiert.[41]

Im Hinblick auf das Wetter sei zunächst die Szene auf dem Ball aus dem Brief des 16. Juni 1771 herauszustellen. Das plötzlich auftretende Gewitter mit seinen Blitzen und dem Donner (vgl. W 51) steht stellvertretend für Werthers Stimmungsumschwung und seine innere Unruhe, nachdem er von Albert erfährt. Ein weiteres Beispiel findet sich in dem Brief vom 20. Januar 1772, wo die Sonne über der schneeglänzenden Gegend untergeht und Werther von einem vorübergezogenen Sturm spricht (vgl. W 137). Dies zeigt die letzte Hoffnung Werthers, dass seine Entscheidung, sich von Lotte zu entfernen, angemessen war. Die kalte weiße Landschaft und der abgeklungene Sturm spiegeln den getroffenen Entschluss und demzufolge die sich legenden Leidenschaften und die Akzeptanz der Situation. Im darauffolgenden Brief vom 08. Februar 1772 ist die Rede von tagelang anhaltendem abscheulichem Wetter (vgl. W 137) und Werthers Übereinstimmung mit diesem. Auch diese Szene zeugt von der projektiven Funktion des Wetters, da sich der Gemütszustand Werthers in der Tristesse der äußeren Natur manifestiert. Abschließend sei der Sturm im Brief des 12. Dezembers 1772 zu nennen, welcher das innere Toben Werthers und seine negativen Empfindungen auf sehr bildhafte Weise visualisiert (W 213 f.).

3.2 Die Funktion der Tageszeiten

Betrachtet man die Beschreibung der Tageszeiten in den Briefen des Werkes, so fällt auf, dass diese ebenfalls eine Funktion als Stimmungsträger[42] besitzen und demnach als Spiegel der Empfindungen Werthers fungieren. Besonders herauszustellen ist der Wechsel von Tag und Nacht, welcher sich „verstärkt auf den traditionellen symbolischen Kontrast von Licht und Dunkel [...]"[43] bezieht. In diesem Kontext steht die Dunkelheit stellvertretend für Werthers Einsamkeit und Verzweiflung und das Licht für seine

---

[41] Duesberg: Idylle und Freiheit, S. 180.
[42] Vgl. ebd. S. 224.
[43] Ebd. S. 225.

Hoffnung und das Leben per se. Grundsätzlich lassen sich folgende Tageszeiten untersuchen: der Morgen in Verbindung mit dem Tag, der Abend, die Nacht und darüber hinaus speziell die Mondnacht.

Schon zu Beginn des Romans projiziert Werther seine Heiterkeit auf den „süßen Frühlingsmorgen" (W 15) des 10. Mai 1771. Sein Gemüt ist geprägt von Freude und Enthusiasmus und die äußere Natur erscheint strahlend und lebendig. Im Brief des 19. Juni 1771, in welchem der Morgen nach dem Ball mit Lotte thematisiert wird, schildert Werther den „herrlichste[n] Sonnenaufgang" (W 55).[44] „Der ‚tröpfelnde Wald' und das ‚erfrischende Feld' der nach der Gewitterschwüle ausgeglichenen äußeren Natur spiegelt seine innere Ausgeglichenheit".[45] Analog zum empfundenen Glück Werthers, Lotte kennengelernt zu haben, zeugt das Bild des Sonnenaufgangs von Optimismus und Tatendrang. Diese positiven Empfindungen erreichen ihren Höhepunkt im Brief des 19. Juli 1771, in dem erneut ein sonniger und kraftvoller Morgen beschrieben wird (vgl. W 81). Zu diesem Zeitpunkt möchte Werther jedoch mit der Sonne verschmelzen[46], wodurch seine Zuversicht auf eine Zukunft mit Lotte verbildlicht wird. Generell herrscht insbesondere am Morgen und auch am Tag meist eine ruhige und friedliche Stimmung, welche mithilfe des Sonnenscheins und eines klaren Himmels veranschaulicht wird. Im Vergleich dazu steht die Darstellung der abendlichen Szenen. Am Abend ist Werther oftmals melancholisch und nostalgisch gestimmt. Beispiele dafür finden sich unter anderem in dem Brief des 10. September 1771. Da der Abend häufig die Tageszeit der Wehmut und des Abschieds ist, wird getreu dessen der Abschied Werthers von Lotte und Albert thematisiert (vgl. W 115-123). In diesem Zusammenhang wird das „Absinken seiner inneren Stimmung"[47] durch die untergehende Sonne reflektiert. Nach dem herablassenden Erlebnis in der Adelsgesellschaft, dient das Bild des Sonnenuntergangs im Brief des 15. März 1772 erneut als Spiegel für Werthers gekränkte und wehmütige Stimmung (vgl. W 143).[48] Das Motiv des Abschieds wird überdies in dem vom Herausgeber gefundenen Brief an Lotte vom 21.12.1772 aufgegriffen. Werther fordert Lotte dazu auf, sich an ihn zu erinnern (vgl. W 223 f.). Dabei beschreibt er einen „schönen Sommerabend[e]" und die „sinkende[n] Sonne" (W 225), wodurch die melancholischen Züge eines Abschieds deutlich werden. Im Hinblick auf die Tageszeit der Nacht lässt sich der Brief vom 10. September 1771 erneut als Beispiel verwenden. Mit der untergehenden

---

[44] Vgl. ebd.
[45] Ebd.
[46] Vgl. ebd.
[47] Ebd. S. 226.
[48] Vgl. ebd. 227.

Sonne erscheint der Mond am Himmel, wodurch eine düstere und schaurige Atmosphäre entsteht (W 117). Analog zu der Situation des Abschieds und den Gesprächen über den Tod, spiegelt das Motiv des Mondes die Todesthematik wider.[49] Ferner verkörpert die Mondnacht eine nostalgische und melancholische Stimmung und kann als „Tageszeit der Liebessehnsucht"[50] betrachtet werden. Letzteres steht in engem Zusammenhang mit der Situation Werthers und Lotte, die einem Wiedersehen im Jenseits entgegenblicken.[51] Im Kontrast zu den Szenarien der Mondnacht stehen die stürmischen und unheilvollen Nächte, welche vor allem in Zeiten innerer Unruhe Werthers beschrieben werden. Beispielhaft dafür ist der Brief des 30. August 1771 zu nennen, in dem Werther nicht mehr aus dem Wald nach Hause findet und daher eine angsteinflößende Nacht erlebt. Im Zuge der Rückkehr Alberts steigert sich Werthers Verzweiflung und er projiziert hier „seine wachsende Leidenschaft und Unruhe"[52] auf die äußere Natur. Seine inneren Wunden werden in dieser nächtlichen Stimmung auch auf die äußere Natur übertragen, wenn er von den Hecken und Dornen verletzt und zerrissen wird (vgl. W 113 f.)

Grundsätzlich ist die Schilderung der Tageszeiten also von ihrer projektiven Funktion geprägt, welches Duesberg angemessen beschreibt:

> Der Impuls geht von Werthers innerer Natur aus, indem er die Stimmungen auf die Tageszeiten projiziert, die sich dadurch wie auch die Jahreszeiten weniger durch ihre inspirative als durch ihre projektive Funktion auszeichnen.[53]

Gleichzeitig äußert sich Duesberg an dieser Stelle zu der Funktion der Jahreszeiten, wodurch dieses Zitat ebenfalls auf das Kapitel 3.1 angewandt werden kann.

---

[49] Vgl. Löffler: Unlesbarkeit, S. 72.
[50] Duesberg: Idylle und Freiheit, S. 229.
[51] Vgl. ebd.
[52] Ebd. S. 228.
[53] Ebd. S. 224.

4 Fazit

Zum Abschluss der Arbeit werden im Folgenden die wichtigsten Teilaspekte in Verbindung zur eingangs gestellten These genannt. Die Wandlung der Naturbilder stellt einen zentralen Aspekt im Verlauf des Romans dar, sodass ein Zusammenhang zum Seelenleben Werthers deutlich wird. Grundsätzlich wandeln sich die Landschaften und Naturdarstellungen analog zu Werthers Gemütslage und inneren Regungen. So zeichnet sich der Romanbeginn durch die Lebensfreude und die überwältigenden positiven Emotionen Werthers aus, welche in der lebendigen und blühenden Natur des Frühlings gespiegelt werden. Die Darstellung der Idylle wird mithilfe einer sehr bildhaften Sprache unterstützt, wodurch die Empfindungen der Seele und die Naturverbundenheit Werthers hervorgehoben werden. Hinsichtlich des Romangeschehens befindet sich Werther in einer Phase der anfänglichen Liebe zu Lotte, sodass er von Glück und liebevollen Empfindungen erfüllt wird. Analog zum Verlauf des Romans und der sich verändernden Leidenschaften Werthers wird ein Wechsel der Naturdarstellung ersichtlich. Im Herbst und Winter wird die äußere Natur negativ konnotiert und als zerstörerisch beschrieben, sodass der locus amoenus sich letztendlich zu einem locus terribilis wandelt. Parallel dazu erleidet Werther innere Zerrissenheit und Verzweiflung. Grundsätzlich dominieren die Nebel- und Nachtbilder den Romanschluss, wodurch Werthers Lebensüberdruss und der Weg zum Tod veranschaulicht werden. Der Aspekt des Wetters dient als Abbild plötzlich auftretender Empfindungen, die in engem Zusammenhang mit dem Romangeschehen stehen. Zudem können die Tageszeiten als Projektionsmedium für grundlegende Stimmungen angesehen werden, die Werther im Verlauf eines Tages durchlebt. Ein weiterer Aspekt, der sowohl die innere Natur Werthers als auch das Romangeschehen hervorhebt, ist die Dynamisierung der Naturbeschreibung. Diese wird demzufolge kontinuierlich radikaler, wodurch die unaufhaltsame Veränderung der inneren und äußeren Zustände dargestellt wird.

Abschließend ist zu sagen, dass die äußere Natur als Projektionsmedium der Empfindungen Werthers und somit als Spiegel der Seele dient, wodurch die aufgestellte These sich bestätigt. Im Zuge einer umfangreicheren Arbeit hätte die kurzzeitige Trennung Werthers von der Natur durch seine Todessehnsucht thematisiert werden können. Darüber hinaus wäre der Aspekt des Pantheismus und daraus folgend die Auffassung der Natur als etwas Heiliges zu analysieren. Zudem wäre eine Analyse der Ossian- und Homer-Thematik denkbar, welches jedoch ebenfalls den Rahmen der vorliegenden Arbeit überschritten hätte.

Literaturverzeichnis

Primärliteratur

Goethe, Johann Wolfgang: Die Leiden des jungen Werthers. Die Wahlverwandtschaften. Kleine Prosa. In: ders.: Sämtliche Werke, Briefe, Tagebücher und Gespräche. 40 Bde. Frankfurter Ausgabe hrsg. von Friedmar Apel u.a. Bd. I. 8. Hrsg. von Waltraud Wiethölter. Frankfurt a.M.: Dt. Klassiker Verlag 1994, S. 10-267.

Sekundärliteratur

Duesberg, Peter: Idylle und Freiheit. Ein Entwicklungsmodell der frühromantischen Landschaft in der Wechselwirkung von äußerer und innerer Natur. Diss. masch. Düsseldorf 1995.

Flaschka, Horst: Goethes "Werther". Werkkontextuelle Deskription und Analyse. München: Wilhelm Fink Verlag 1987.

Hermann, Hans Peter: Landschaft in Goethes "Werther". Zum Brief vom 18. August. In: Thomas Clasen u. Erwin Leibfried (Hrsg.): Goethe. Vorträge aus Anlaß seines 150. Todestages. Frankfurt a.M., Bern, New York: Lang 1984, S. 77-100.

Herrmann-Huwe, Jasmin: „Pathologie und Passion" in Goethes Roman *Die Leiden des jungen Werther*. Diss. masch. Düsseldorf 1996.

Horváth, Géza: Goethe: Die Leiden des Jungen Werther. Dimensionen der Flucht. In: Neohelicon 25 (1998), S. 197-213.

Löffler, Jörg: Unlesbarkeit: Melancholie und Schrift bei Goethe. Diss. masch. Münster 2005.

Marx, Friedhelm: Erlesene Helden. Don Sylvio, Werther, Wilhelm Meister und die Literatur. Diss. masch. Bonn 1994.

Schweikle, Günther u. Irmgard Schweikle (Hrsg.): Metzler-Literatur-Lexikon. Begriffe und Definitionen. 2., überarb. Aufl. Stuttgart: Metzler 1990.